Impressum
Verlag: BABADADA GmbH, Nedderfeld 112 , 22529 Hamburg
Geschäftsführer / Verlagsleitung: Harald Hof
Druck: Books on Demand GmbH, In de Tarpen 42, 22848 Norderstedt

Imprint
Publisher: BABADADA GmbH, Nedderfeld 112 , 22529 Hamburg, Germany
Managing Director / Publishing direction: Harald Hof
Print: Books on Demand GmbH, In de Tarpen 42, 22848 Norderstedt

koulu
Schuel

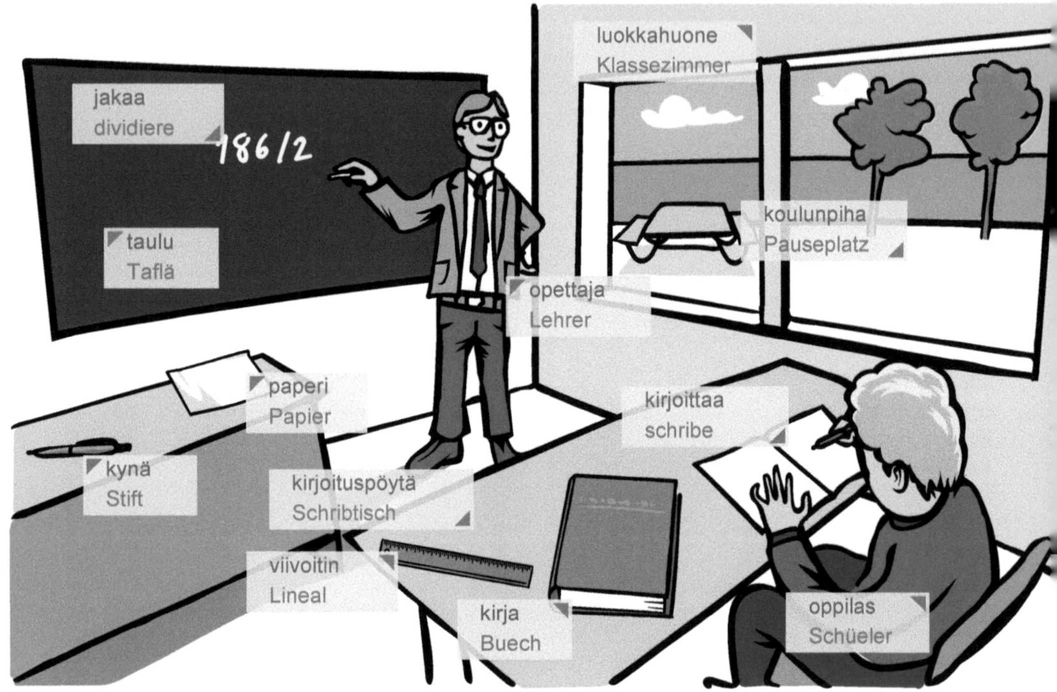

luokkahuone
Klassezimmer
jakaa
dividiere
186/2
taulu
Taflä
koulunpiha
Pauseplatz
opettaja
Lehrer
paperi
Papier
kirjoittaa
schribe
kynä
Stift
kirjoituspöytä
Schribtisch
viivoitin
Lineal
kirja
Buech
oppilas
Schüeler

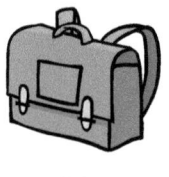

reppu

Thek

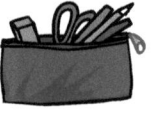

penaali

Etui

lyijykynä

Bleistift

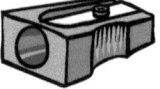

kynänteroitin

Spitzer

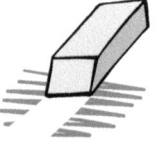

pyyhekumi

Radiergummi

piirustuslehtiö

Zeicheblock

piirustus
Zeichnig

pensseli
Pinsel

vesivärit
Malchaschte

sakset
Schär

liima
Liim

harjoituskirja
Üebigsheft

kotitehtävä
Huusufgabe

12

luku
Zahl

2+2

lisätä
addiere

5-2

vähentää
subtrahiere

2×2

kertoa
multipliziere

laskea
rächne

A

kirjain
Buechstabe

**ABCDEFG
HIJKLMN
OPQRSTU
VWXYZ**

aakkoset
Alphabet

hello

sana
Wort

teksti

Text

lukea

läse

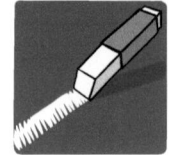

liitu

Kriide

oppitunti

Lektion

opettajan muistikirja

Klassäbuech

koe

Prüefig

todistus

Zügnis

koulupuku

Schueluniform

koulutus

Usbildig

sanakirja

Enzyklopädie

yliopisto

Universität

mikroskooppi

Mikroskop

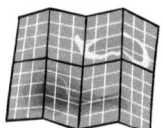

kartta

Charte

roskakori

Papierchorb

matka
Reis

hotelli
Hotel
Grand
retkeilymaja
Härbärg
ROOMS
rahanvaihto
Wächselstube
EXCHANGE
matkalaukku
Koffer
auto
Auto

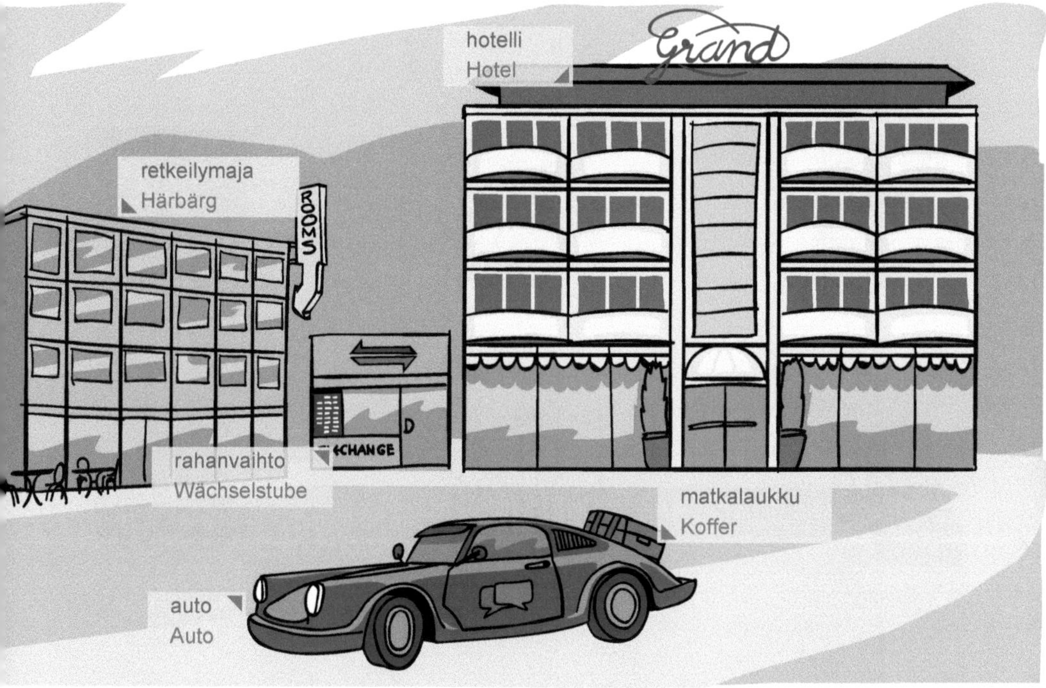

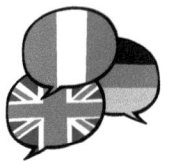

kieli

Sprach

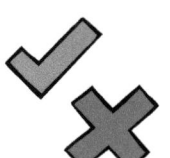

kyllä / ei

jo / nei

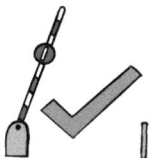

selvä

okay

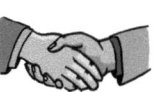

hei

Hallo

tulkki

Dolmetscher

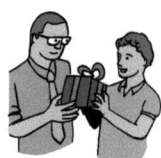

kiitos

Dankä

Paljonko...maksaa?

Was chostet...?

en ymmärrä

Ich vrstahs nöd

ongelma

Problem

Hyvää iltaa!

Guete Abig!

Hyvää huomenta!

guete Morgä!

Hyvää yötä!

guete Abig!

näkemiin

Uf Wiederseh

suunta

Richtig

matkatavarat

Bagaasch

laukku

Täsche

reppu

Rucksack

vieras

Gast

huone

Ruum

makuupussi

Schlafsack

teltta

Zält

turisti-info

Touristeninformation

ranta

Strand

luottokortti

Kreditkarte

aamupala

Zmorge

lounas

Zmittag

päivällinen

Znacht

matkalippu

Billet

hissi

Ufzug

postimerkki

Briefmarke

raja

Gränze

tulli

Zoll

suurlähetystö

Botschaft

viisumi

Visum

passi

Pass

kuljetus
Transport

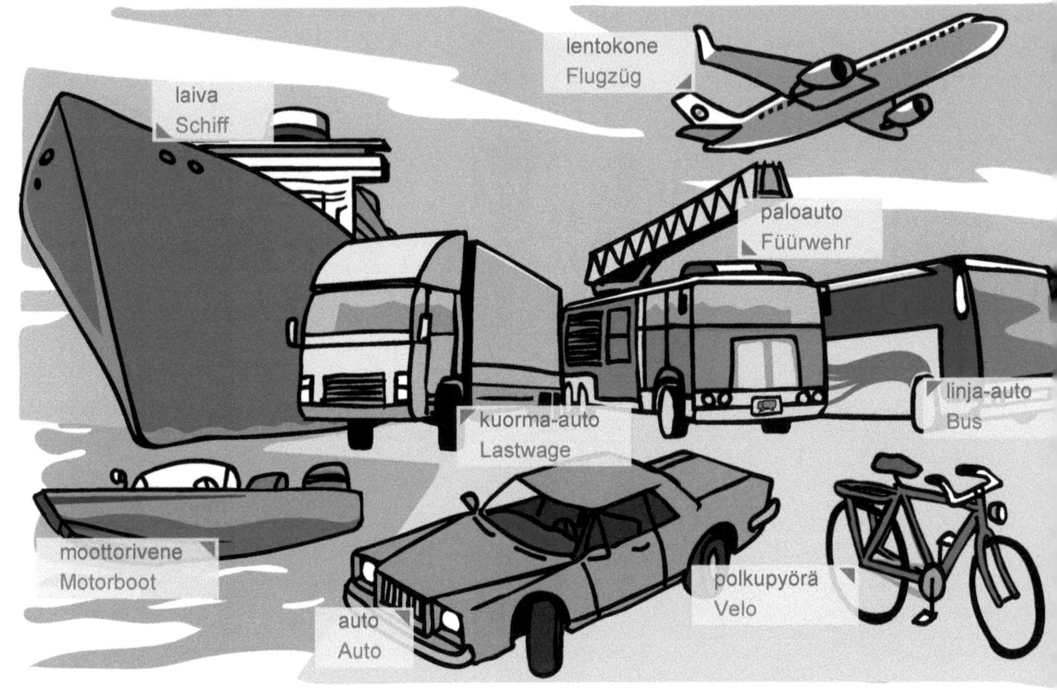
lentokone
Flugzüg
laiva
Schiff
paloauto
Füürwehr
linja-auto
Bus
kuorma-auto
Lastwage
moottorivene
Motorboot
polkupyörä
Velo
auto
Auto

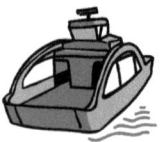

lautta

Fähri

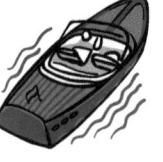

vene

Boot

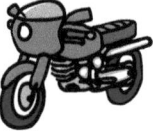

moottoripyörä

Töff

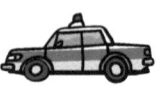

poliisiauto

Polizeiauto

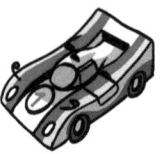

kilpa-auto

Rännauto

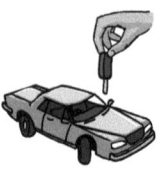

vuokra-auto

Mietwage

car sharing

Carsharing

hinausauto

Abschleppwage

roska-auto

Chübelwage

moottori

Motor

polttoaine

Benzin

huoltoasema

Tankstell

liikennemerkki

Verkehrsschild

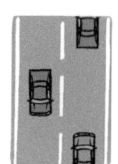

liikenne

Verchehr

ruuhka

Stau

parkkipaikka

Parkplatz

rautatieasema

Bahnhof

raiteet

Schiene

juna

Zug

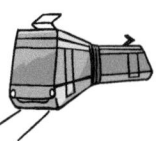

raitiovaunu

Strassebahn

vaunu

Wagon

helikopteri

Helikopter

lentokenttä

Flughafe

lähilennonjohto

Tower

matkustaja

Passagier

kontti

Container

pahvilaatikko

Karton

kärryt

Chare

kori

Korb

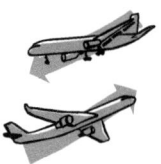

nousta / laskea

starte / lande

kaupunki
Stadt

kylä

Dorf

keskusta

Stadtzentrum

talo

Huus

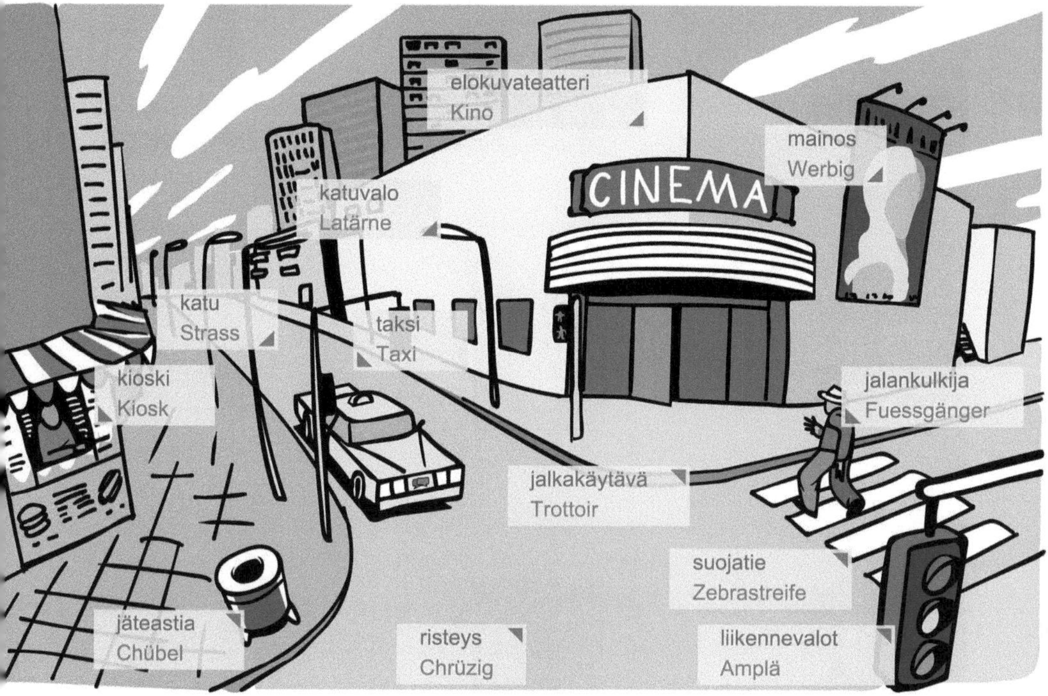

elokuvateatteri
Kino

mainos
Werbig

katuvalo
Latärne

CINEMA

katu
Strass

taksi
Taxi

kioski
Kiosk

jalankulkija
Fuessgänger

jalkakäytävä
Trottoir

suojatie
Zebrastreife

jäteastia
Chübel

risteys
Chrüzig

liikennevalot
Amplä

mökki
Hütte

kerrostalo
Wohnig

rautatieasema
Bahnhof

kaupungintalo
Gmeindshuus

museo
Museum

koulu
Schuel

yliopisto

Universität

pankki

Bank

sairaala

Spital

hotelli

Hotel

apteekki

Apotheke

toimisto

Büro

kirjakauppa

Buechgschäft

liike

Gschäft

kukkakauppa

Bluemelade

supermarketti

Läbensmittellade

tori

Märt

tavaratalo

Chaufhuus

kalakauppias

Fischhändler

ostoskeskus

lihkaufszentrum

satama

Hafe

puisto
Park

penkki
Bank

silta
Brugg

portaat
Stäge

metro
U-Bahn

tunneli
Tunnell

linja-autopysäkki
Bushaltestell

baari
Bar

ravintola
Restaurant

postilaatikko
Briefchastä

katukyltti
Strasseschild

parkkimittari
Parkuhr

eläintarha
Zolli

uimala
Badi

moskeija
Moschee

maatila
Buurehof

ympäristön saastuminen
Umwältvrschmutzig

hautausmaa
Fridhof

kirkko
Chile

leikkikenttä
Spielplatz

temppeli
Tämpel

maisema
Landschaft

lehti
Blatt

tienviitta
Wägwiiser

tie
Wäg

niitty
Wise

kivi
Stei

retkeilijä
Wanderer

puu
Baum

joki
Fluss

ruoho
Gras

kukka
Bluamä

laakso

Tal

vuori

Bärg

järvi

See

metsä

Wald

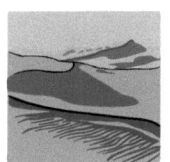

aavikko

Wüeschti

tulivuori

Vulkan

linna

Schloss

sateenkaari

Rägeboge

sieni

Pilz

palmu

Palme

hyttynen

Moskito

kärpänen

Fliege

muurahainen

Ameise

mehiläinen

Biendli

hämähäkki

Spinne

kovakuoriainen

Chäfer

sammakko

Frosch

orava

Eichhörnli

siili

Igel

jänis

Haas

pöllö

Üle

lintu

Vogu

joutsen

Schwan

villisika

Wildschwein

peura

Hirsch

hirvi

Elch

pato

Damm

tuulimylly

Windturbine

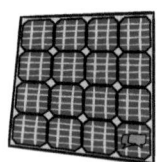

aurinkopaneeli

Sunnekollektor

ilmasto

Klima

tarjoilija
Chällner

ruokalista
Spiischartä

tuoli
Stuehl

keitto
Suppä

pitsa
Pizza

ruokailuvälineet
Bsteck

pöytäliina
Tischdecki

alkuruoka
Vorspiies

pääruoka
Hauptgricht

jälkiruoka
Dessert

juomat
Getränk

ruoka
Läbensmittel

pullo
Fläsche

pikaruoka

Fast Food

katuruoka

Street Food

teekannu

Teechanne

sokeriastia

Zuckerdosä

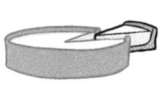

annos

Portion

espressokeitin

Espressomaschine

syöttötuoli

Hochstuehl

lasku

Rächnig

tarjotin

Tablett

veitsi

Mässer

haarukka

Gable

lusikka

Löffel

teelusikka

Teelöffel

servietti

Serviette

lasi

Glas

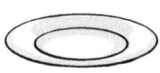

lautanen

Täller

syvä lautanen

Suppetällär

aluslautanen

Untertasse

kastike

Sose

suolasirotin

Salzstreuer

pippurimylly

Pfäffermühli

etikka

Essig

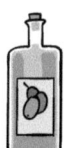

öljy

Öl

mausteet

Gwürz

ketsuppi

Ketchup

sinappi

Sänf

majoneesi

Mayonnaise

supermarketti
Läbensmittellade

tarjous
Ahgebot
FOR
asiakas
Chund
maitotuotteet
Milchprodukt
hedelmät
Frücht
ostoskärryt
Iichaufswage

BUTCHERS

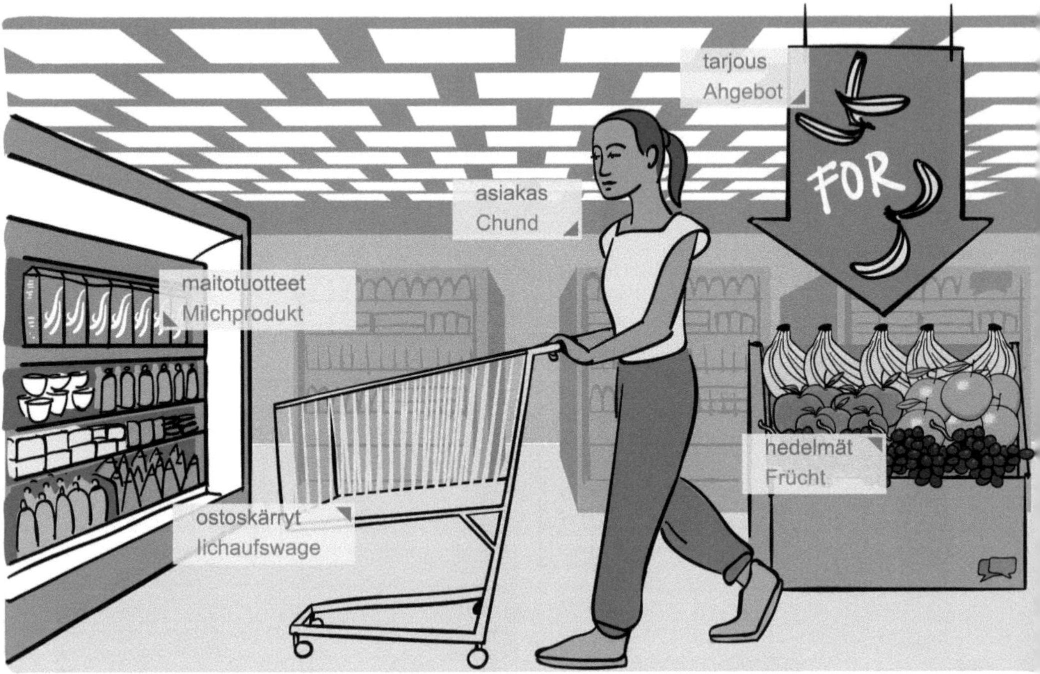

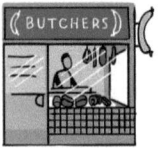

teurastamo

Schlachter

BAKERY

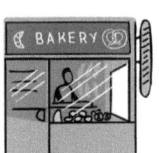

leipomo

Beck

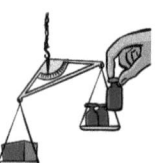

punnita

wiege

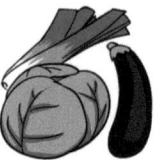

kasvikset

Gmües

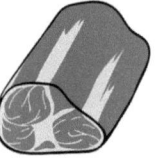

liha

Fleisch

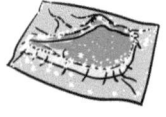

pakasteet

Tiefkühlprodukt

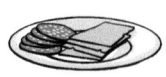

leikkele

Ufschnitt

säilykkeet

die Konsärve

pesujauhe

Wöschmittel

makeiset

Süessigkeite

kotitaloustarvikkeet

Huushaltartikel

puhdistusaineet

Putzmittel

myyjä

Verchäuferin

kassa

Kassä

kassanhoitaja

Kassierer

ostoslista

Ihchaufsliste

aukioloajat

Öffnigszite

lompakko

das Portemonnaie

luottokortti

Kreditkarte

kassi

Täsche

muovipussi

Plastiksack

vesi

Wasser

mehu

Saft

maito

Milch

kokis

Cola

viini

Wii

olut

Bier

alkoholi

Alkohol

kaakao

Ovi

tee

Tee

kahvi

Kafi

espresso

Espresso

cappuccino

Cappuccino

banaani

Banane

omena

Öpfel

appelsiini

Orange

meloni

Melone

sitruuna

Zitrone

porkkana

Rüebli

valkosipuli

Chnoobli

bambu

Bambus

sipuli

Zwiblä

sieni

Pilz

pähkinät

Nüss

spagetti

Nudle

spagetti

Spaghetti

riisi

Riis

salaatti

Salat

ranskalaiset

Pommfrit

paistetut perunat

Bratherdöpfel

pitsa

Pizza

hampurilainen

Hamburgär

voileipä

Sandwich

leike

Gotlett

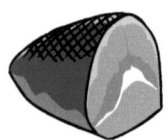

kinkku

Schinkä

salami

Salami

makkara

Würschtli

kana

Huehn

paisti

Bratä

kala

Fisch

kaurahiutaleet

Haferflocke

mysli

Müesli

murot

Cornflakes

jauho

Mähl

voisarvi

Gipfeli

sämpylä

Brötli

leipä

Brot

paahtoleipä

Toscht

keksit

Guetzli

voi

Butter

rahka

Quark

kakku

Chueche

kananmuna

Ei

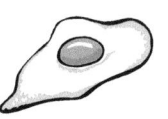

paistettu kananmuna

Spiegelei

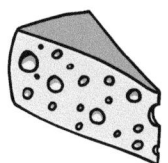

juusto

Chäs

jäätelö

Glace

sokeri

Zucker

hunaja

Honig

hillo

Gonfi

suklaapähkinälevite

Nougat-Creme

curry

Curry

maatila
Buurehof

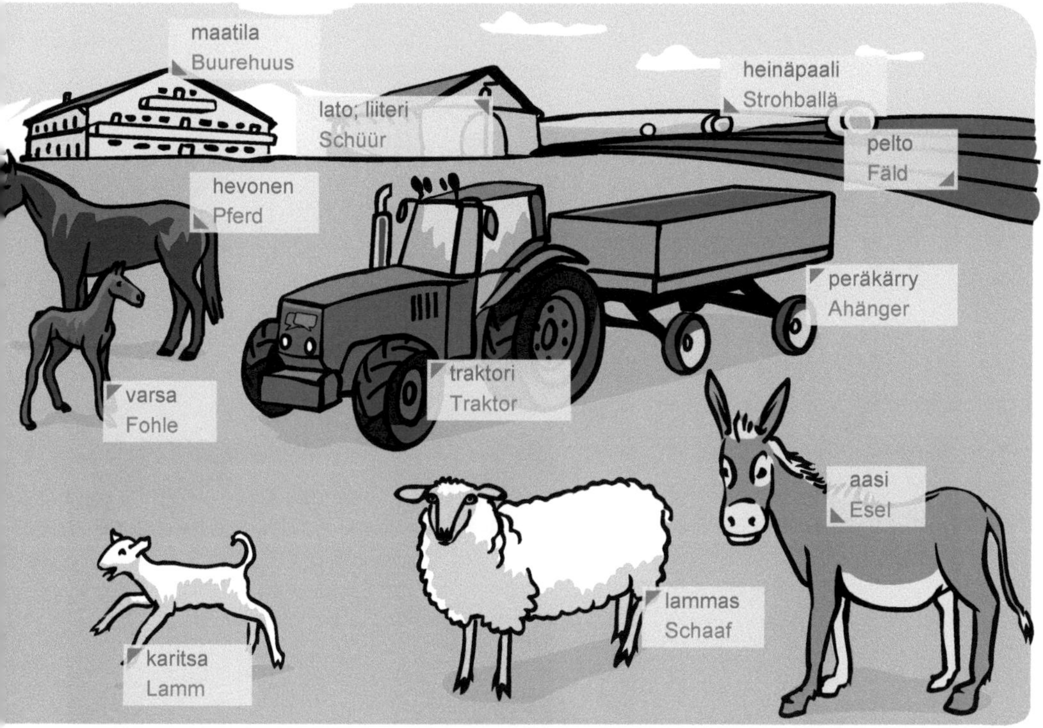
maatila
Buurehuus
lato; liiteri
Schüür
heinäpaali
Strohballä
pelto
Fäld
hevonen
Pferd
peräkärry
Ahänger
traktori
Traktor
varsa
Fohle
aasi
Esel
lammas
Schaaf
karitsa
Lamm

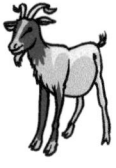

vuohi

Geiss

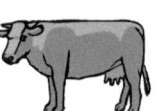

lehmä

Chueh

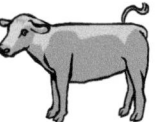

vasikka

Chalb

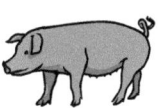

sika

Sau

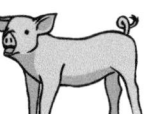

porsas

Ferkel

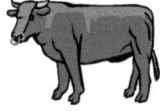

sonni

Rind

hanhi
Gans

ankka
Änte

tipu
Küke

kana
Huähn

kukko
Güggel

rotta
Ratte

kissa
Chatz

hiiri
Muus

härkä
Ochse

koira
Hund

koirankoppi
Hundehütte

puutarhaletku
Garteschluuch

kastelukannu
Giesschanne

viikate
Sägese

aura
Pflueg

sirppi

Sichel

kuokka

Hacke

talikko

Heugable

kirves

Axt

kottikärryt

Garette

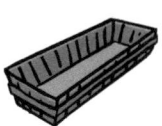

kaukalo

Trog

maitokannu

Milchchanne

säkki

Sack

aita

Haag

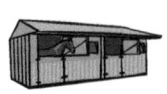

talli

Gadä

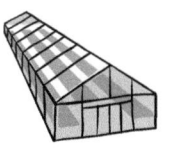

kasvihuone

Gwächshuus

maa

Bode

siemen

Soome

lannoite

Dünger

leikkuupuimuri

Mähdrescher

kerätä sato

ärnte

sato

Ärnte

jamssit

Yamswurzle

vehnä

Weize

soija

Soja

peruna

Härdöpfel

maissi

Mais

rypsi

Raps

hedelmäpuu

Obstbaum

maniokki

Maniok

vilja

Getreide

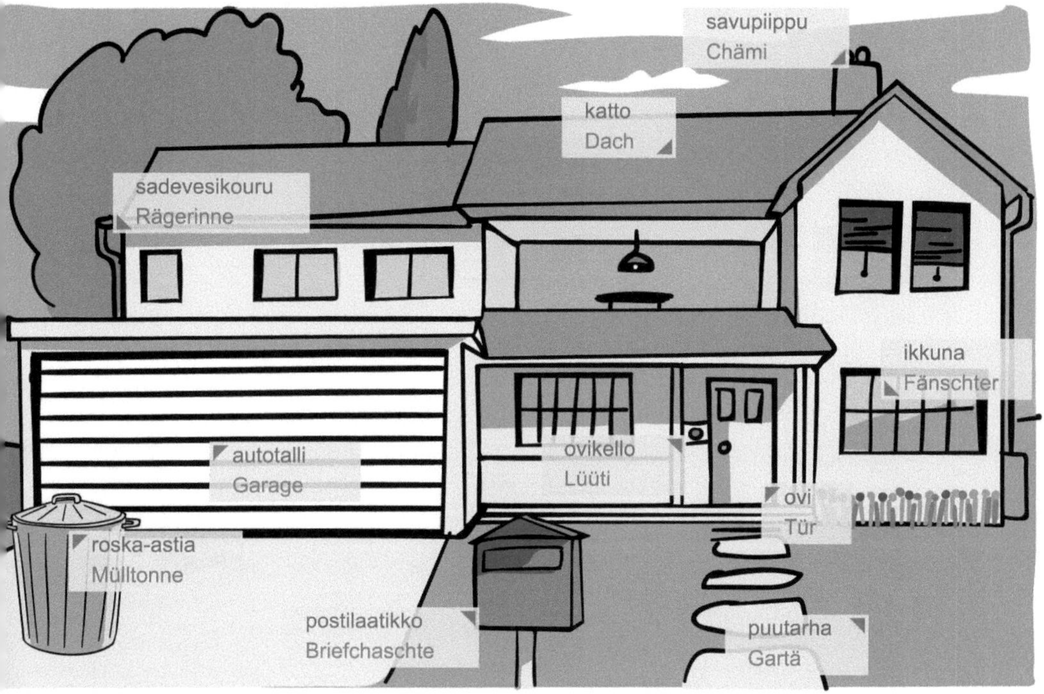

savupiippu
Chämi

katto
Dach

sadevesikouru
Rägerinne

ikkuna
Fänschter

autotalli
Garage

ovikello
Lüüti

ovi
Tür

roska-astia
Mülltonne

postilaatikko
Briefchaschte

puutarha
Gartä

olohuone

Stubä

kylpyhuone

Badzimmer

keittiö

Chuchi

makuuhuone

Schlofzimmer

lastenhuone

Chinderzimmer

ruokahuone

Ässzimmer

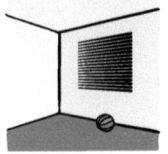

lattia

Bodä

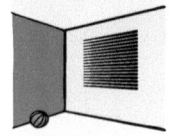

seinä

Wand

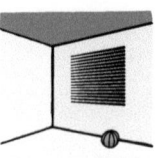

katto

Decki

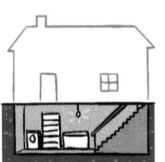

kellari

Chäller

sauna

Sauna

parveke

Balkon

terassi

Terasse

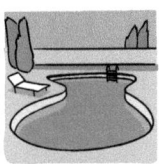

uima-allas

Pool

ruohonleikkuri

Rasemäier

lakana

Bettbezug

päiväpeitto

Bettdecki

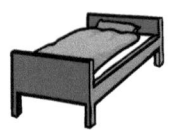

sänky

Bett

harja

Bäse

ämpäri

Chübel

katkaisin

Schalter

olohuone
Stubä

tapetti
Tapete
kuva
Bild
lamppu
Lampä
hylly
Regal
kaappi
Schrank
televisio
Färnseh
takka
Kamin
kukka
Bluamä
tyyny
Chüssi
sohva
Sofa
maljakko
Vasä
kaukosäädin
Färnbedienig

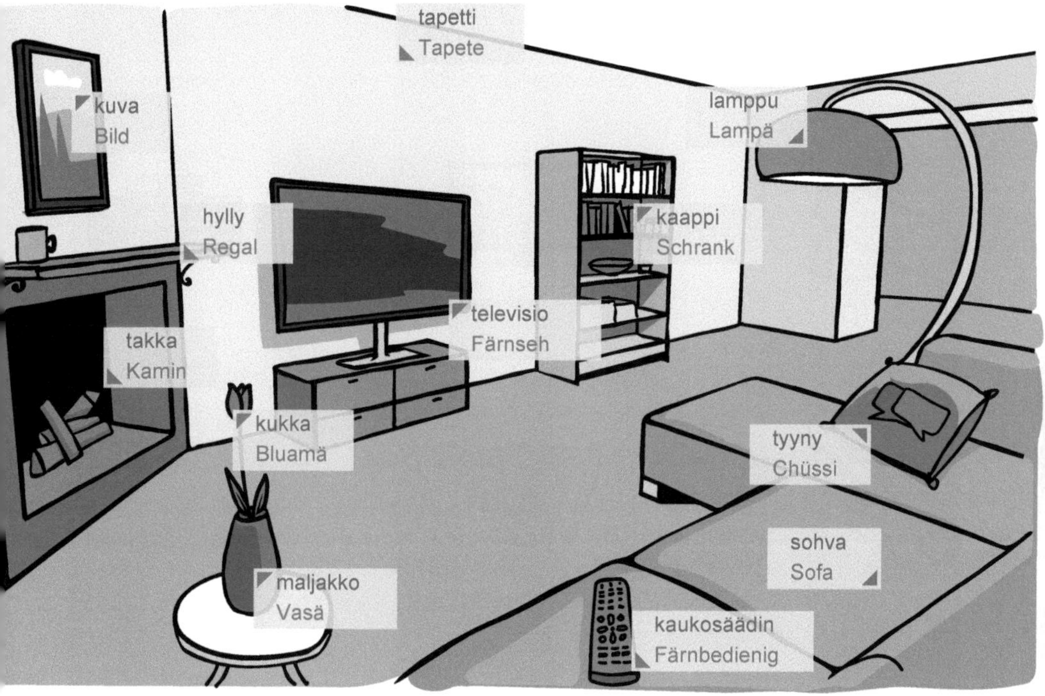

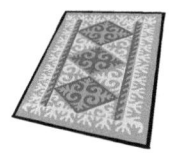

matto

Teppich

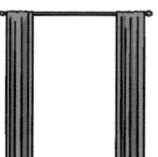

verho

Vorhang

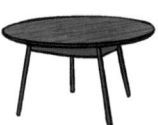

pöytä

Tisch

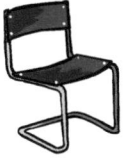

tuoli

Stuehl

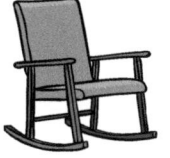

keinutuoli

Schaukelstuehl

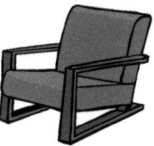

nojatuoli

Sässel

kirja

Buech

peitto

Decki

koriste

Dekoration

polttopuut

Füürholz

elokuva

Film

stereot

Stereoahlag

avain

Schlüssel

sanomalehti

Ziitig

maalaus

Bild

juliste

Poster

radio

Radio

muistivihko

Notizblock

pölynimuri

Staubsuuger

kaktus

Kaktus

kynttilä

Chärze

keittiö
Chuchi

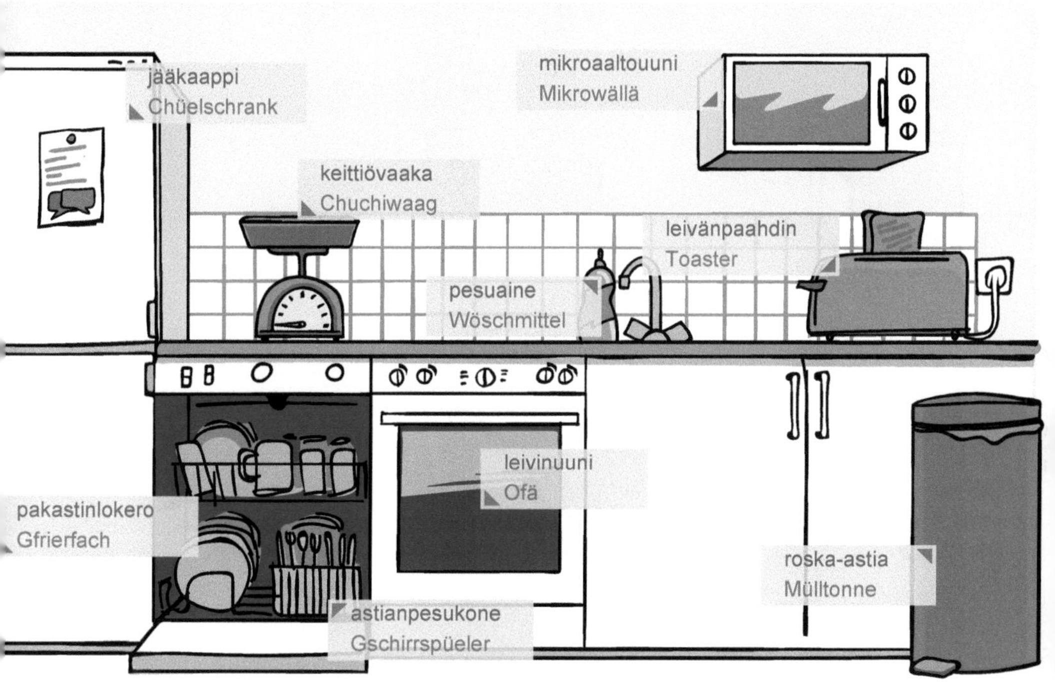
jääkaappi
Chüelschrank
mikroaaltouuni
Mikrowällä
keittiövaaka
Chuchiwaag
leivänpaahdin
Toaster
pesuaine
Wöschmittel
leivinuuni
Ofä
pakastinlokero
Gfrierfach
roska-astia
Mülltonne
astianpesukone
Gschirrspüeler

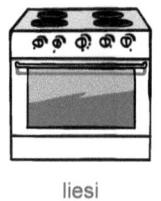

liesi

Härd

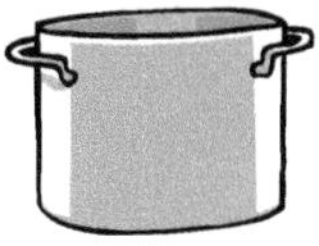

kattila

Topf

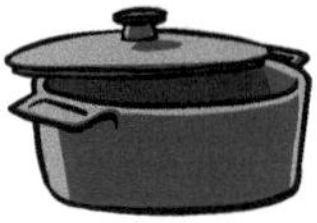

rautapata

Iisetopf

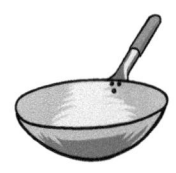

okkipannu / kadai-pannu

Wok / Kadai

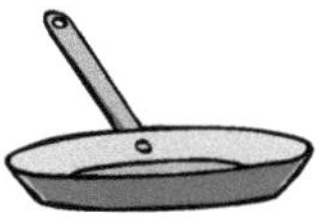

paistinpannu

Pfanne

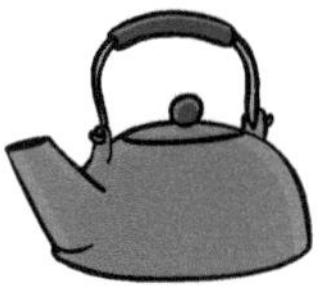

teepannu

Wasserchocher

höyrykeitin

Dampfer

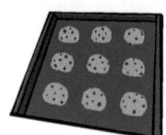

uunipelti

Bachbläch

astiat

Gschirr

muki

Bächer

kulho

Schale

syömäpuikot

Stäbli

kauha

Suppechellä

paistinlasta

Pfannewänder

vispilä

Schneebäse

siivilä

Sieb

siivilä

Sieb

raastin

Raffle

mortteli

Mörser

grilli

Grill

avotuli

Füürstell

leikkuulauta

Schniidbrätt

kaulin

Nudelholz

korkinavaaja

Korkäzieher

purkki

Dosä

purkinavaaja

Dosäöffner

pannulappu

Topflappä

lavuaari

Wöschbecki

tiskiharja

Bürste

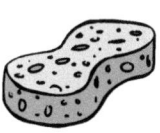

pesusieni

Schwumm

tehosekoitin

Mixer

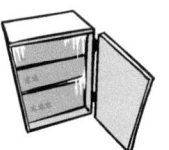

pakastin

Gfrierschrank

tuttipullo

Babyfläschli

vesihana

Hahnä

kylpyhuone

Badzimmer

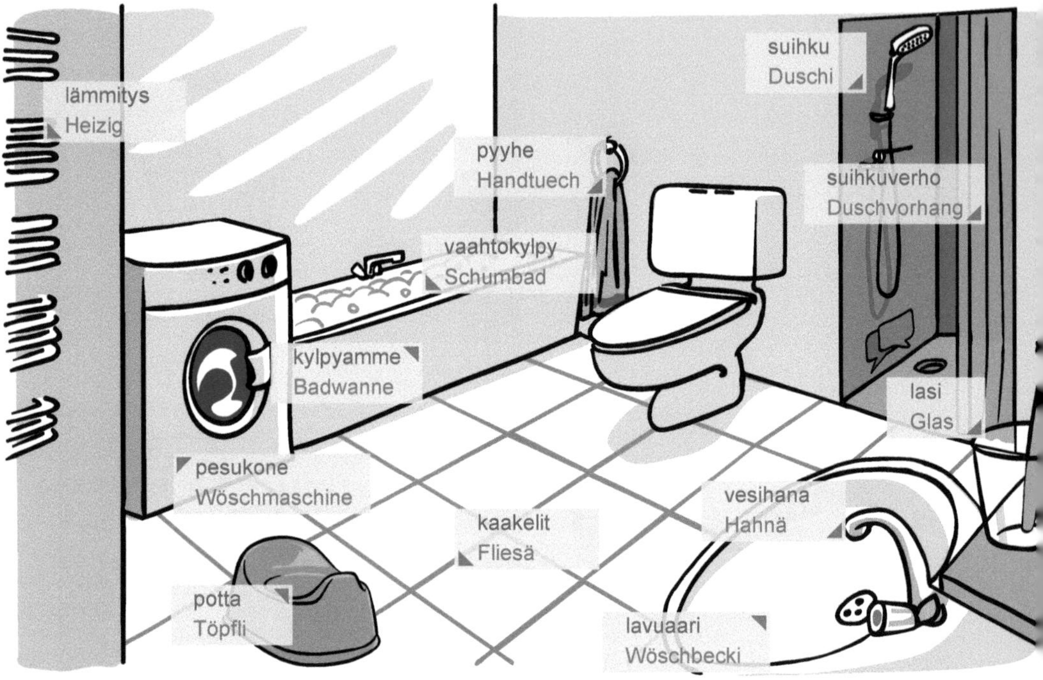

lämmitys
Heizig
pyyhe
Handtuech
suihku
Duschi
suihkuverho
Duschvorhang
vaahtokylpy
Schumbad
kylpyamme
Badwanne
lasi
Glas
pesukone
Wöschmaschine
vesihana
Hahnä
kaakelit
Fliesä
potta
Töpfli
lavuaari
Wöschbecki

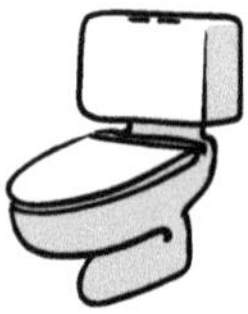

vessa

Toilette

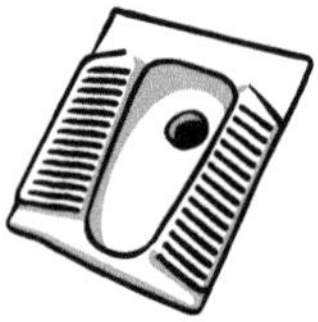

kyykkyvessa

Plumpsklo

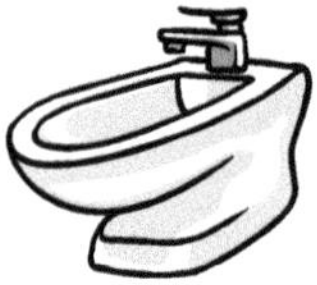

bidee

Bidet

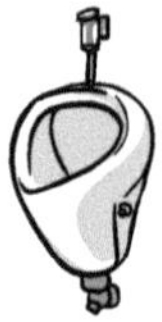

pisuaari

Pissoir

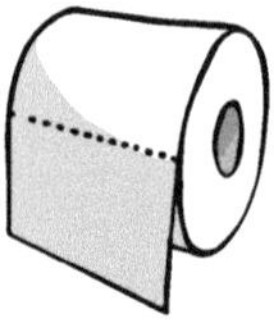

vessapaperi

Toilettepapier

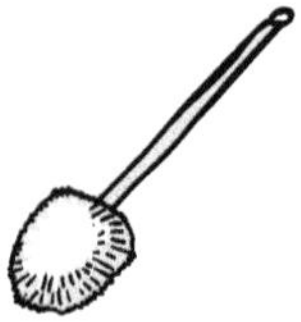

vessaharja

Toilettebürschteli

hammasharja

Zahbürstä

hammastahna

Zahpasta

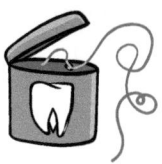

hammaslanka

Zahnsiide

pestä

wäsche

käsisuihku

Handduschi

intiimisuihku

Intiimduschi

pesuvati

Wöschbecki

selkäharja

Ruggäbürste

saippua

Seifä

suihkugeeli

Duschgel

shampoo

Shampoo

pesulappu

Waschlappä

viemäri

Abfluss

voide

Creme

deodorantti

Deo

peili

Spiegel

käsipeili

Handspiegel

partaveitsi

Rasierer

partavaahto

Rasierschuum

partavesi

Aftershave

kampa

Schträäl

harja

Bürstä

hiustenkuivaaja

Föhn

hiuslakka

Hoorspray

meikki

Makeup

huulipuna

Lippestift

kynsilakka

Nagellack

pumpuli

Wattä

kynsisakset

Nagelscher

hajuvesi

Parfum

kosmetiikkalaukku

Necessaire

jakkara

Schemel

vaaka

Waag

kylpytakki

Badmantel

kumihansikkaat

Gummihändscheh

tamponi

Tampon

terveysside

Damebinde

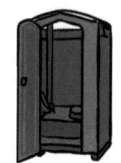

kemiallinen wc

chemischi Toilette

kylpyhuone - Badzimmer

lastenhuone
Chinderzimmer

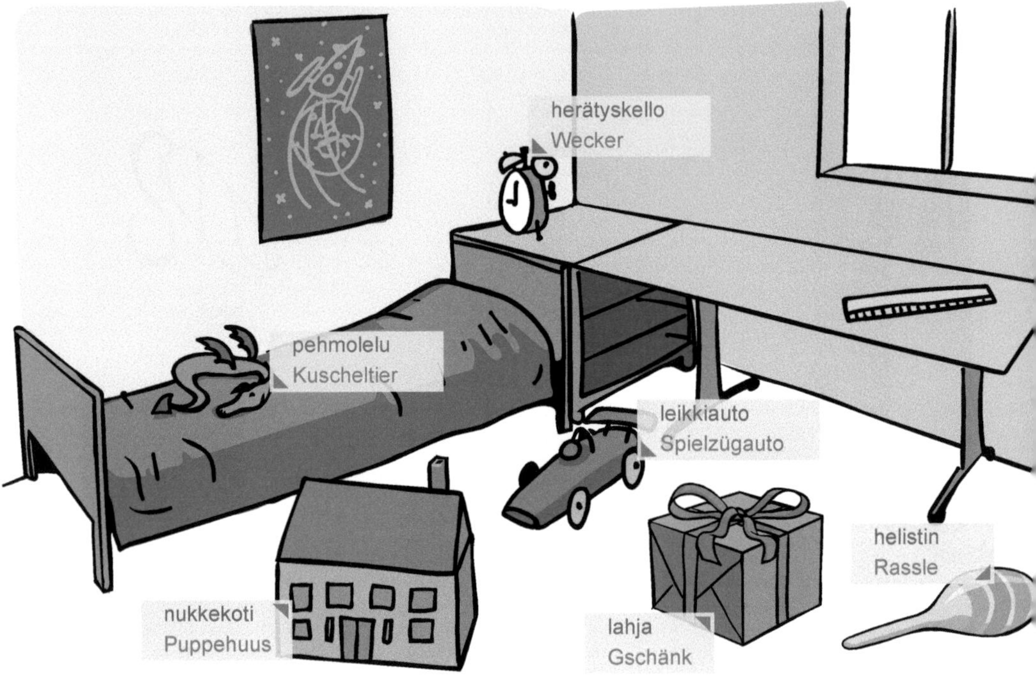

herätyskello
Wecker
pehmolelu
Kuscheltier
leikkiauto
Spielzügauto
helistin
Rassle
nukkekoti
Puppehuus
lahja
Gschänk

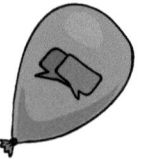

ilmapallo
Ballon

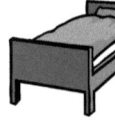

sänky
Bett

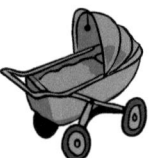

lastenvaunut
Chinderwage

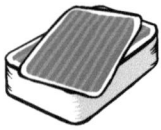

korttipeli
Chartespiel

palapeli
Puzzle

SUPER
MEGA

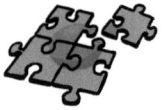

sarjakuva
Comic

legopalikat

Legos

rakennuspalikat

Baustei

supersankari

Action Figur

potkupuku

Strampli

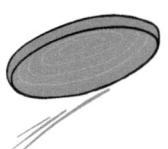

frisbee

Frisbee

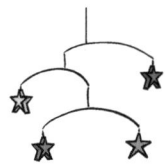

mobile

Mobile

lautapeli

Brättspiel

noppa

Würfäl

pienoisjunarata

Modellisebahn

tutti

Nuggi

juhlat

Party

kuvakirja

Bilderbuch

pallo

Ball

nukke

Puppä

leikkiä

spiele

hiekkalaatikko

Sandchaschte

keinu

Gigampfi

lelut

Spielzüg

pelikonsoli

Videospielkonsole

kolmipyörä

Dreirad

nalle

Teddy

vaatekaappi

Chleiderschrank

vaatteet
Chleidig

sukat

Sockä

nylonsukat

Strümpf

sukkahousut

Strumpfhosä

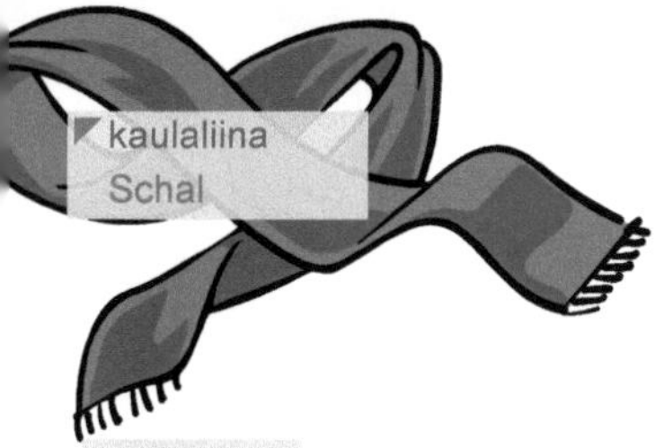

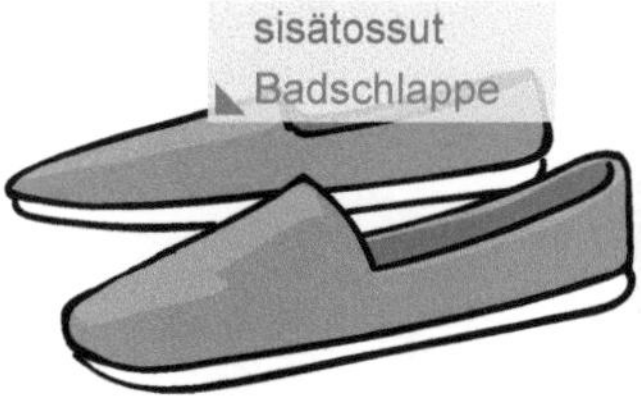

kaulaliina
Schal

sateenvarjo
Rägeschirm

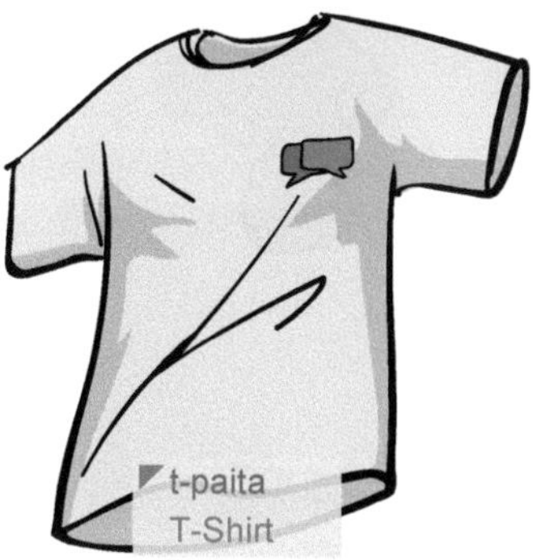

vyö
Gürtel

t-paita
T-Shirt

saappaat
Stiefel

sisätossut
Badschlappe

lenkkarit
Turnschueh

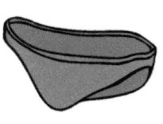

sandaalit
Sandalä

kengät
Schueh

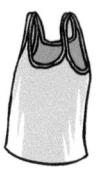

kumisaappaat
Gummistiefel

alushousut
Untrhosä

rintaliivit
BH

aluspaita
Underlibli

body
Body

housut
Hosä

farkut
Jeans

hame
Rock

pusero
Bluse

paita
Hömli

villapaita
Pulli

collegepaita
Kapuzepulli

jakku
Blazer

takki
Jacke

takki
Mantel

sadetakki
Rägämantel

puku
Chostüm

mekko
Chleid

hääpuku
Hochziitskleid

puku

Ahzug

yöpaita

Nachthömli

pyjama

Pyjama

shari

Sari

päähuivi

Chopftuäch

turbaani

Turban

burka

Burka

kaftaani

Kaftan

abaya

Abaya

uimapuku

Badchleid

uimahousut

Badhose

shortsit

churzi Hosä

verkkarit

Trainer

esiliina

Schürze

käsineet

Händsche

nappi

Chnopf

silmälasit

Brüllä

rannekoru

Armband

kaulakoru

Chetti

sormus

Ring

korvakoru

Ohrering

lippalakki

Chappe

ripustin

Chleiderbügel

hattu

Huet

solmio

Grawattä

vetoketju

Riissverschluss

kypärä

Helm

henkselit

Hosäträger

koulupuku

Schueluniform

univormu

Uniform

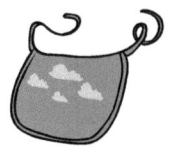

ruokalappu

Lätzli

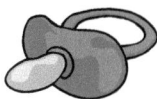

tutti

Nuggi

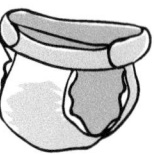

vaippa

Windle

toimisto

Büro

palvelin
Server
asiakirjakaappi
Akteschrank
tulostin
Drucker
paperi
Papier
näyttö
Monitor
kirjoituspöytä
Schribtisch
hiiri
Muus
kansio
Ordner
näppäimistö
Taschtatur
roskakori
Papierchorb
tietokone
Computer
tuoli
Stuehl

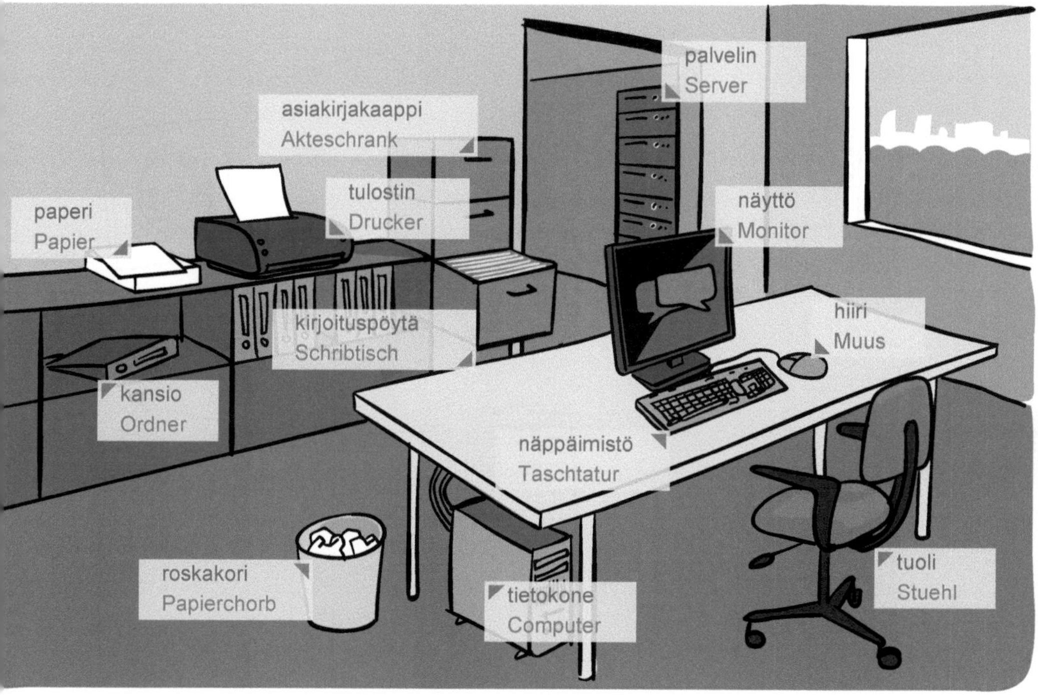

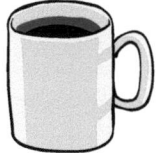

kahvimuki

Kafibächer

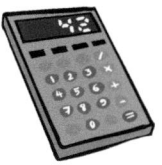

taskulaskin

Taschеrächner

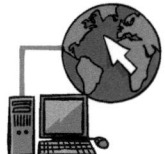

internet

Internet

kannettava tietokone

Laptop

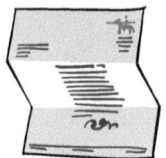

kirje

Brief

viesti

Nochricht

kännykkä

Mobiltelefon

verkko

Netzwärk

kopiokone

Kopierer

ohjelmisto

Software

puhelin

Telefon

pistorasia

Steckdosä

faksi

Fax

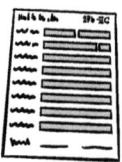

lomake

Formular

asiakirja

Dokumänt

ostaa

chaufe

maksaa

zahle

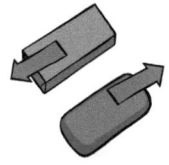

vaihtaa

handle

raha

Gäld

dollari

Dollar

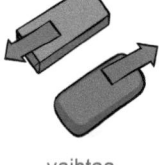

euro

Euro

jeni

Yen

rupla

Rubel

frangi

Frankä

renminbi juan

Renminbi Yuan

rupia

Rupie

pankkiautomaatti

Gäldautomat

rahanvaihto

Wächselstube

kulta

Gold

hopea

Silber

öljy

Öl

energia

Energie

hinta

Priis

sopimus

Vertrag

vero

Stüür

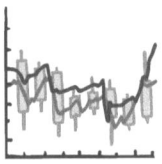

osake

Aktie

työskennellä

schaffe

työntekijä

Mitarbeiter

työnantaja

Arbeitgeber

tehdas

Fabrik

liike

Gschäft

talous - Wirtschaft

ammatit
Brüef

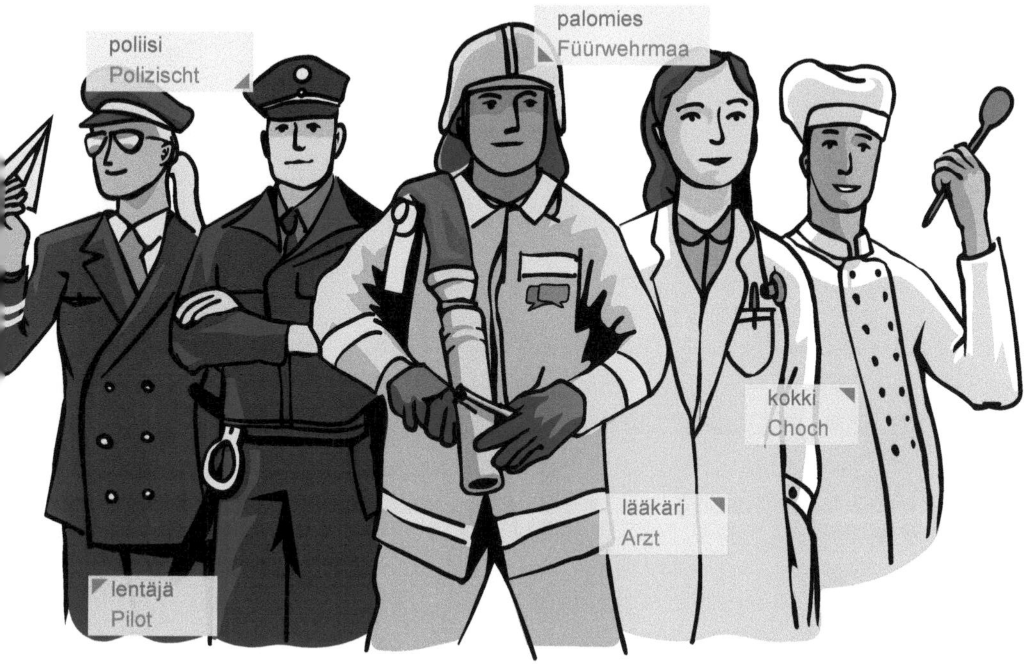
poliisi
Polizischt
palomies
Füürwehrmaa
kokki
Choch
lääkäri
Arzt
lentäjä
Pilot

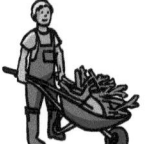

puutarhuri

Gärtner

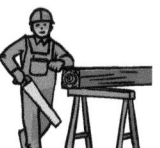

puuseppä

Zimmermah

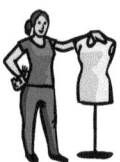

ompelija

Näheri

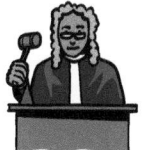

tuomari

Richter

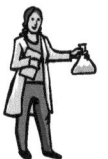

kemisti

Chemiker

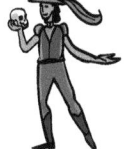

näyttelijä

Darsteller

linja-autonkuljettaja

Busfahrer

taksinkuljettaja

Taxifahrer

kalastaja

Fischer

siivooja

Putzfrau

katontekijä

Dachdecker

tarjoilija

Chällner

metsästäjä

Jäger

maalari

Moler

leipuri

Bäcker

sähköasentaja

Elektriker

rakentaja

Bauarbeiter

insinööri

Ingenieur

teurastaja

Schlachter

putkiasentaja

Klämpner

postinjakaja

Pöschtler

sotilas

Soldat

arkkitehti

Architekt

kassanhoitaja

Kassierer

floristi

Florischt

kampaaja

Frisör

konduktööri

Kontrolleur

mekaanikko

Mechaniker

kapteeni

Kapitän

hammaslääkäri

Zahnarzt

tiedemies

Wüsseschaftler

rabbi

Rabbi

imaami

Imam

munkki

Mönch

pappi

Pfarrer

työkalut
Werkzüüg

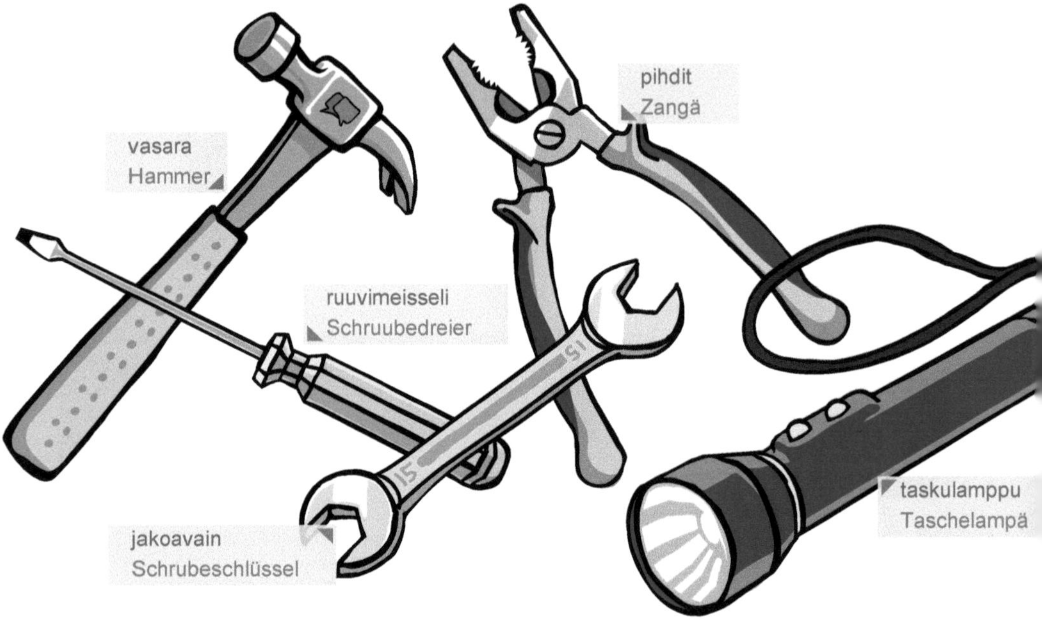

vasara
Hammer
pihdit
Zangä
ruuvimeisseli
Schruubedreier
jakoavain
Schrubeschlüssel
taskulamppu
Taschelampä

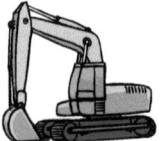

kaivinkone

Bagger

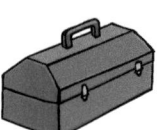

työkalupakki

Werkzüügchaschte

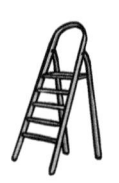

tikkaat

Leitere

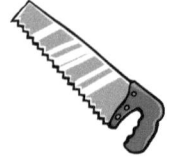

saha

Sagi

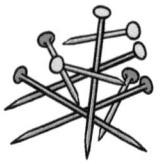

naulat

Negel

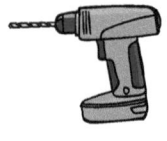

pora

Bohrer

korjata
flicke

lapio
Schufle

Hitto!
Mischt!

rikkalapio
Ascheschufle

maalipurkki
Farbchübel

ruuvit
Schruube

soittimet
Musiginstrumänt

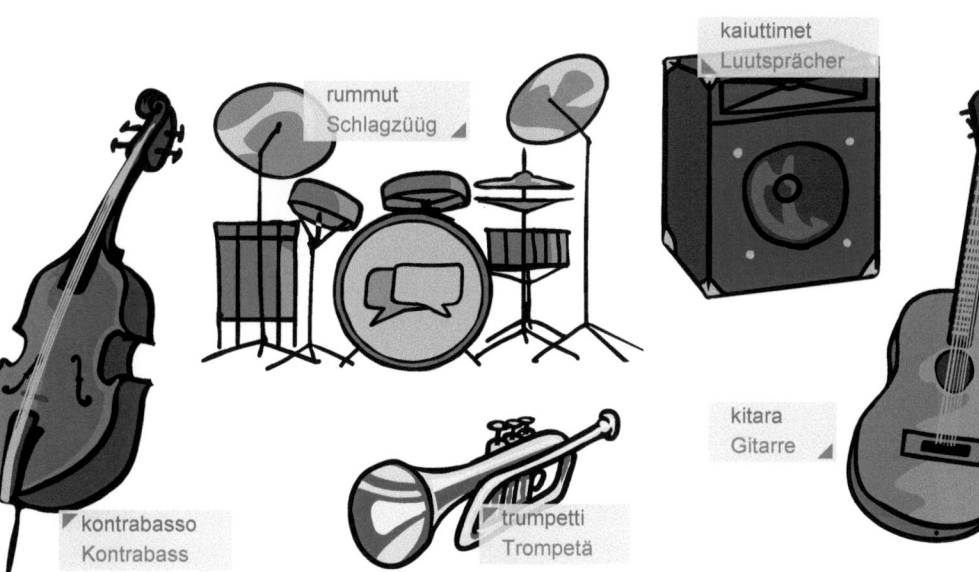

kaiuttimet
Luutsprächer

rummut
Schlagzüüg

kitara
Gitarre

kontrabasso
Kontrabass

trumpetti
Trompetä

piano

Klavier

viulu

Violine

basso

Bass

patarummut

Pauke

rumpu

Trummle

kosketinsoitin

Keyboard

saksofoni

Saxophon

huilu

Flöte

mikrofoni

Mikrofon

eläintarha
Zolli

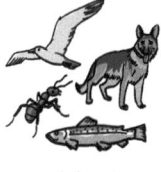

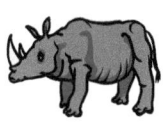

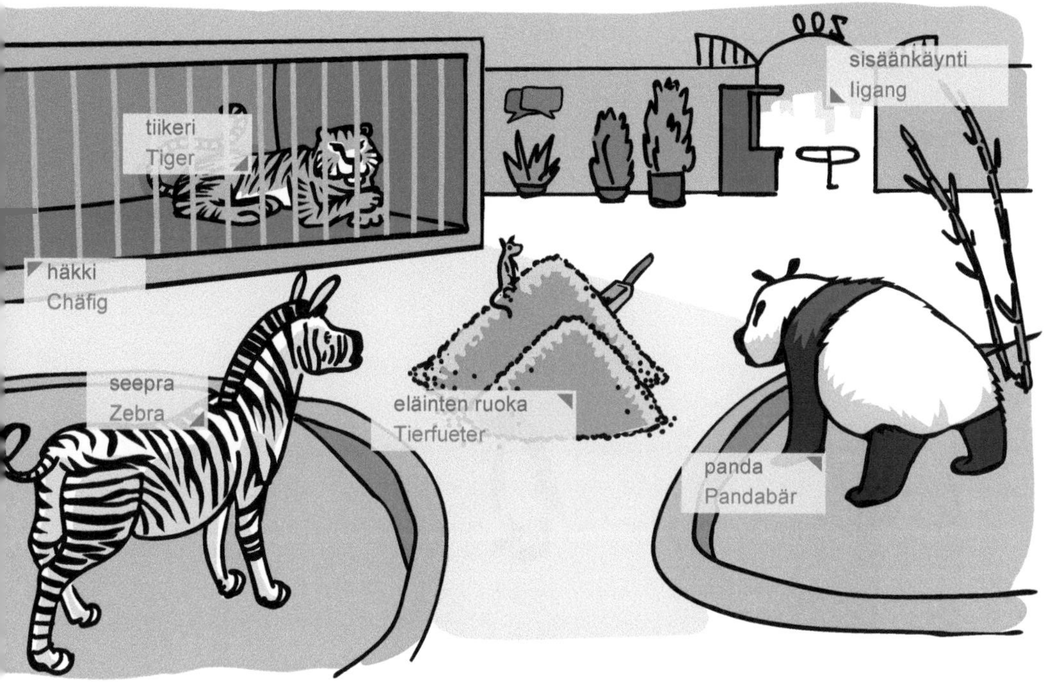

tiikeri
Tiger
häkki
Chäfig
seepra
Zebra
eläinten ruoka
Tierfueter
panda
Pandabär
sisäänkäynti
Iigang

eläimet

Tier

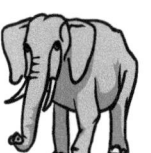

norsu

Elefant

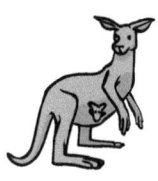

kenguru

Känguru

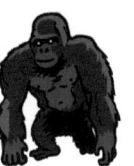

sarvikuono

Nashorn

gorilla

Gorilla

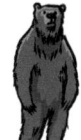

karhu

Bär

kameli

Kamel

strutsi

Struss

leijona

Leu

apina

Aff

flamingo

Flamingo

papukaija

Papagei

jääkarhu

Iisbär

pingviini

Pinguin

hai

Hai

riikinkukko

Pfau

käärme

Schlangä

krokotiili

Krokodil

eläintarhanhoitaja

Zoowärter

hylje

Robbä

jaguaari

Jaguar

poni
Pony

leopardi
Leopard

virtahepo
Nilpfärd

kirahvi
Giraff

kotka
Adler

villisika
Wildschwein

kala
Fisch

kilpikonna
Schildkrot

mursu
Walross

kettu
Fuchs

gaselli
Gazelle

amerikkalainen jalkapallo
American Football

pyöräily
Velofahre

tennis
Tennis

koripallo
Basketball

uinti
Schwümmä

nyrkkeily
Boxä

jääkiekko
Iishockey

jalkapallo

Fuessball

sulkapallo

Badminton

yleisurheilu

Liechtathletik

käsipallo

Handball

hiihto

Skifahre

poolo

Polo

aktiviteetit
Aktivitäte

hypätä
springä
laulaa
singe
halata
umarme
nauraa
lachä
kävellä
gah
unelmoida
troime
rukoilla
bätte
suudella
küssä

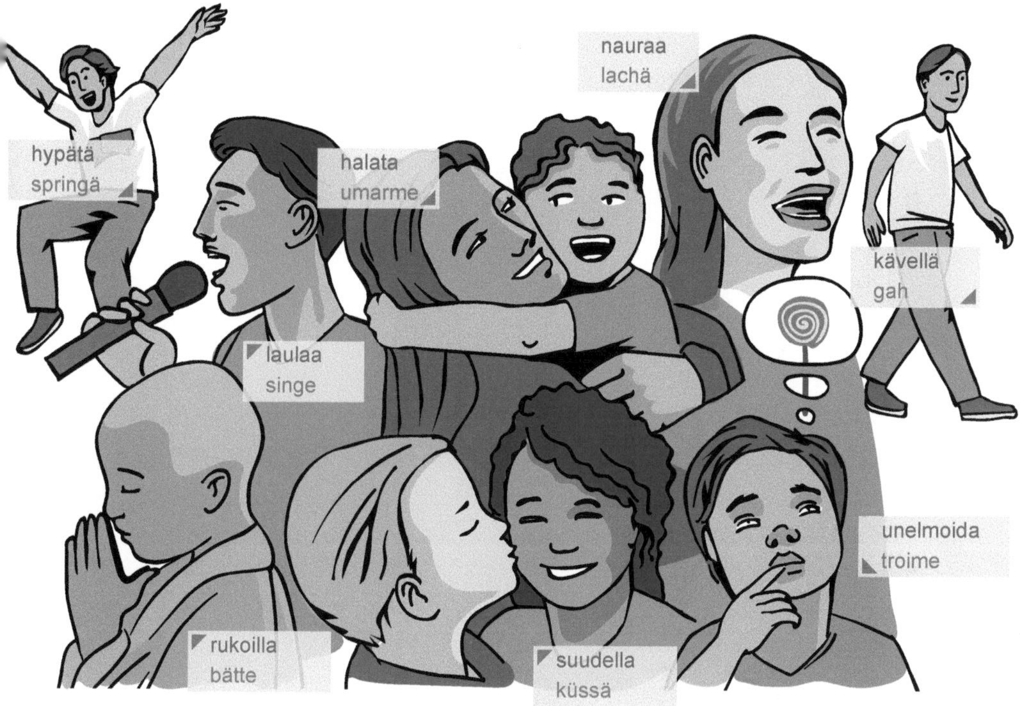

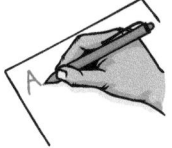

kirjoittaa

schribe

piirtää

zeichne

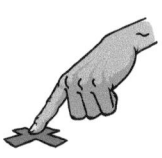

näyttää

zeige

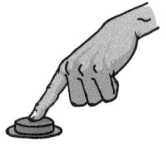

painaa

schiebe

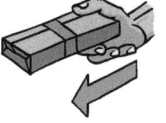

antaa

gäh

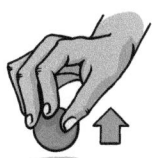

ottaa

näh

omistaa

händ

tehdä

mache

olla

sy

seisoa

stah

juosta

laufe

vetää

zieh

heittää

rüerä

kaatua

fallä

maata

ligge

odottaa

warte

kantaa

träge

istua

sitze

pukeutua

ahzieh

nukkua

schlafe

herätä

ufwache

katsoa
ahluege

itkeä
brüele

silittää
striichle

kammata
bürste

puhua
redä

ymmärtää
verschtah

kysyä
froog

kuunnella
lose

juoda
trinke

syödä
ässe

siivota
ufruume

rakastaa
liebe

keittää
chochä

ajaa
fahre

lentää
flüge

purjehtia

segle

laskea

rächne

lukea

läse

oppia

leerä

työskennellä

schaffe

mennä naimisiin

hürate

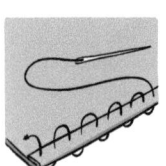

ommella

näije

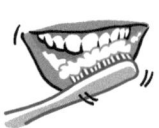

pestä hampaat

Zäh putze

tappaa

töte

tupakoida

schlootä

lähettää

sände

mummo
Grossmuetter

ukki
Grossvater

isä
Vatter

äiti
Muetter

vauva
Baby

tytär
Tochter

poika
Sohn

vieras

Gast

täti

Tante

setä

Unkel

veli

Brüeder

sisko

Schwöschter

vartalo
Körpär

otsa
Stirn
silmä
Aug
olkapää
Schultere
sormet
Fingär
kasvot
Gsicht
leuka
Chüni
käsi
Hand
jalka
Bei
rinta
Bruscht
käsivarsi
Arm

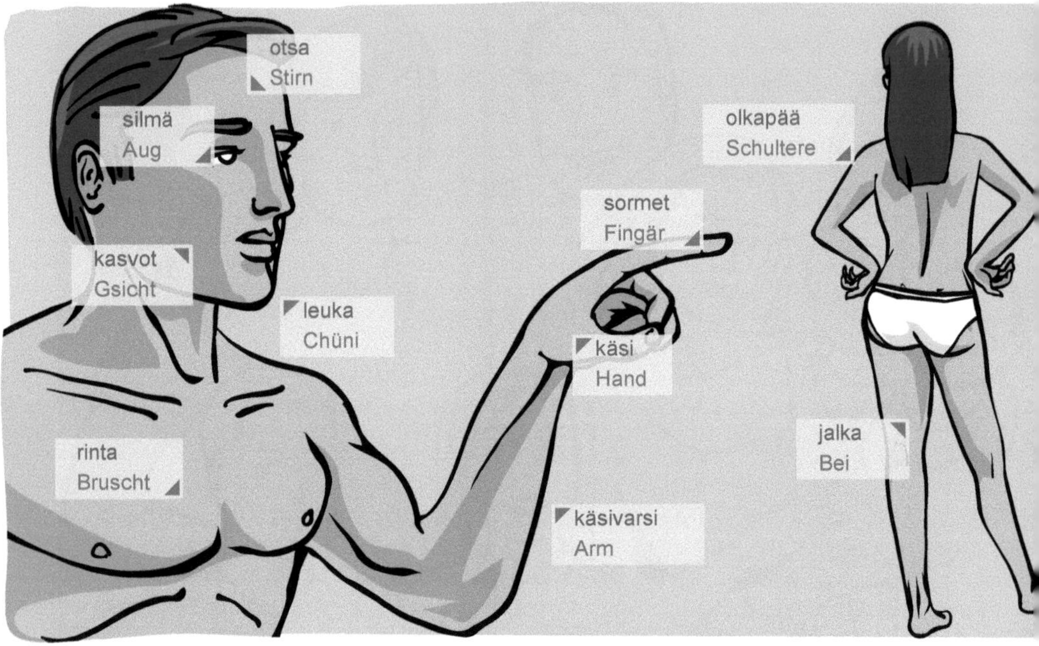

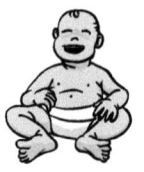

vauva
Baby

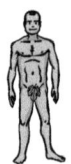

mies
Mah

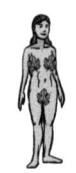

nainen
Frau

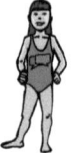

tyttö
Meitli

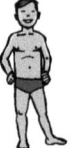

poika
Bueb

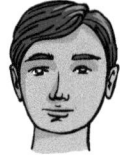

pää
Chopf

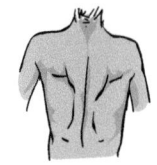

selkä

Ruggä

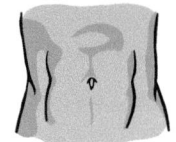

maha

Buuch

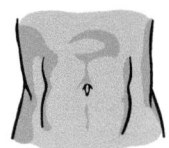

napa

Buchnabel

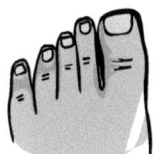

varvas

Zäche

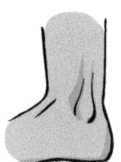

kantapää

Fersä

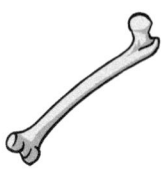

luu

Knoche

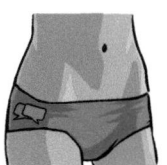

lantio

Hüfte

polvi

Chnü

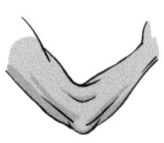

kyynärpää

Ellbogä

nenä

Nase

takapuoli

Füdli

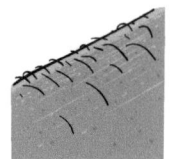

iho

Hut

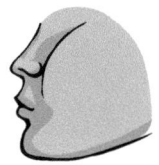

poski

Bagge

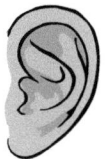

korva

Ohr

huuli

Lippe

suu
Muul

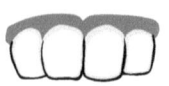

hammas
Zah

kieli
Zungä

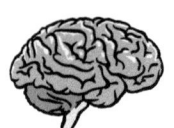

aivot
Hirni

sydän
Härz

lihas
Muskel

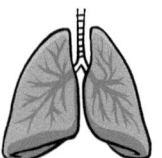

keuhkot
Lungä

maksa
Läberä

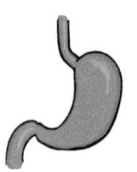

vatsa
Magen

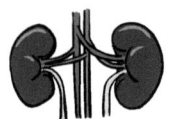

munuaiset
Nierä

seksi
Gschlächtsvrkehr

kondomi
Kondom

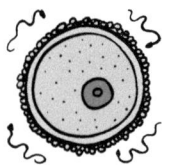

munasolu
Eizälle

sperma
Soome

raskaus
Schwangerschaft

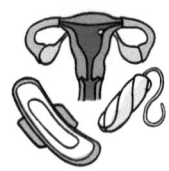

kuukautiset

Menstruation

vagina

Vagina

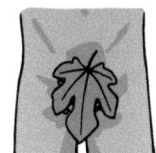

penis

Penis

kulmakarvat

Augebrauä

hiukset

Haar

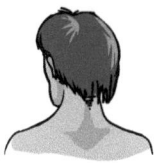

niska

Hals

sairaala
Spital

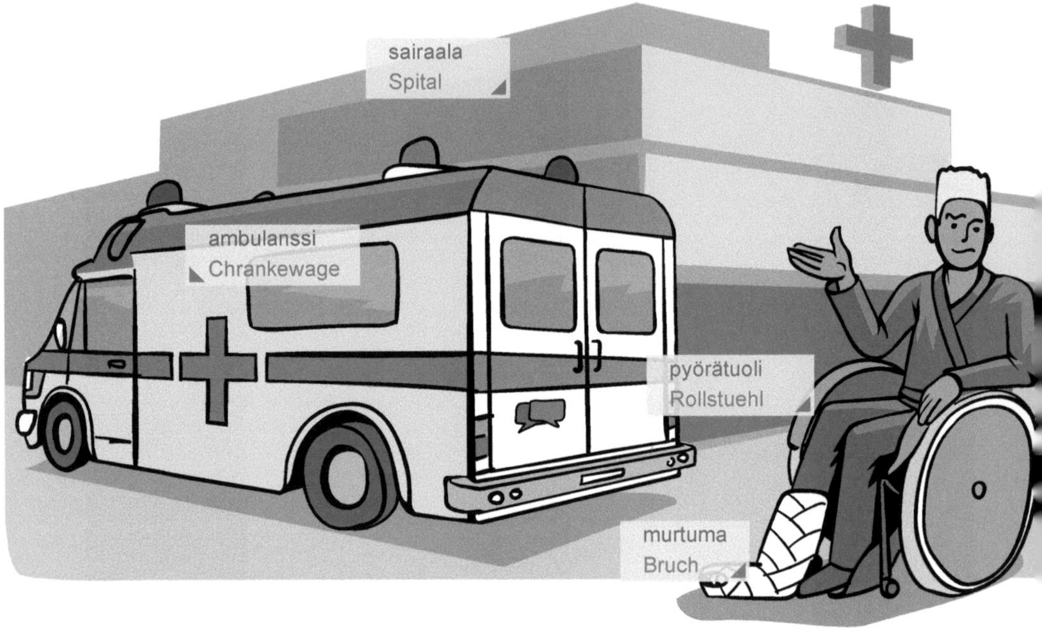

sairaala
Spital
ambulanssi
Chrankewage
pyörätuoli
Rollstuehl
murtuma
Bruch

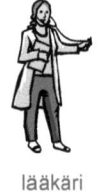

lääkäri

Arzt

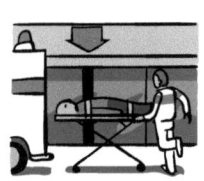

ensiapu

Notufnahm

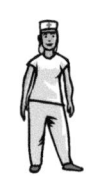

sairaanhoitaja

Chrankeschwöschter

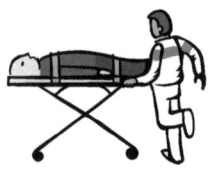

hätätilanne

Notfall

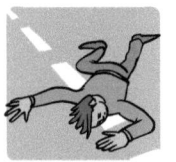

tajuton

ohnmächtig

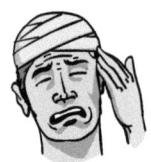

kipu

Schmärz

vamma

Verletzig

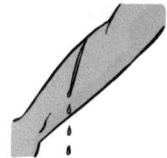

verenvuoto

Bluätig

sydänkohtaus

Härzinfarkt

aivoinfarkti

Schlagahfall

allergia

Allergie

yskä

Hueschtä

kuume

Fieber

flunssa

Grippe

ripuli

Durchfall

päänsärky

Kopfschmärze

syöpä

Kräbs

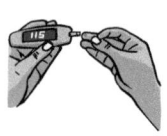

diabetes

Diabetes

kirurgi

Chirurg

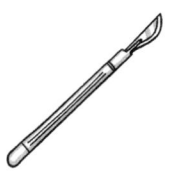

veitsi

Skalpell

leikkaus

Operation

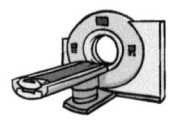

ct
CT

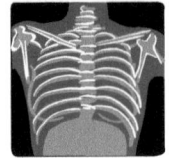

röntgen
Röntgä

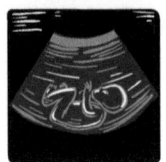

ultraääni
Ultraschall

maski
Gsichtsmaske

sairaus
Krankhet

odotushuone
Wartezimmer

sauva
Krückä

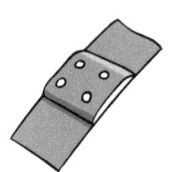

laastari
Pflaster

side
Vrband

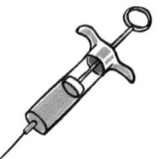

pistos
Injektion

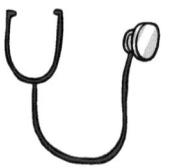

stetoskooppi
Stethoskop

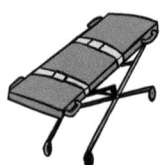

paarit
Trage

kuumemittari
Thermometer

syntymä
Geburt

ylipaino
Übergwicht

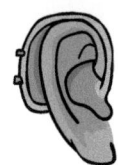

kuulolaite

Hörgrät

desinfiointiaine

Desinfektionsmittel

infektio

Infektion

virus

Virus

HIV / AIDS

HIV / AIDS

lääke

Medizin

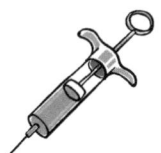

rokotus

Impfig

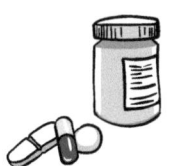

tabletit

Tablette

pilleri

Pille

hätäpuhelu

Notruef

verenpainemittari

Bluetdruck-Mässgrät

sairas / terve

chrank / gsund

Apua!

Hiufe!

hälytys

Alarm

ryöstö

Überfall

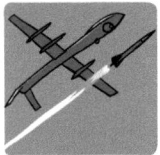

hyökkäys

Ahgriff

vaara

Gfohr

hätäuloskäynti

Notuusgang

Tulipalo!

Füür!

palosammutin

Füürlöscher

onnettomuus

Unfall

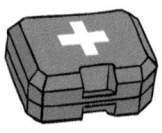

ensiapulaukku

Ersti-Hilf-Koffer

SOS

SOS

poliisilaitos

Polizei

Eurooppa

Europa

Pohjois-Amerikka

Nordamerika

Etelä-Amerikka

Südamerika

Afrikka

Afrika

Aasia

Asie

Australia

Auschtralie

Atlantin valtameri

Atlantik

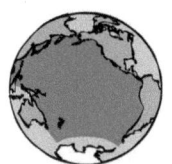

Tyynimeri

Pazifik

Intian valtameri

Indische Ozean

Eteläinen jäämeri

Antarktische Ozean

Pohjoinen jäämeri

Arktische Ozean

pohjoisnapa

Nordpol

etelänapa

Südpol

Antarktis

Antarktis

maa

Ärde

maa

Land

meri

Meer

saari

Inslä

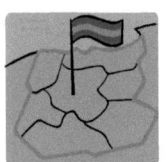

kansa

Nation

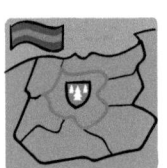

osavaltio

Staat

kellotaulu

Ziffereblatt

tuntiviisari

Stundezeiger

minuuttiviisari

Minutezeiger

sekuntiviisari

Sekundezeiger

Paljonko kello on?

Wie spaht isch es?

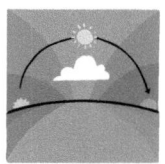

päivä

Tag

aika

Zit

nyt

jetzt

digitaalikello

Digitaluhr

minuutti

Minute

tunti

Stunde

viikko
Wuche

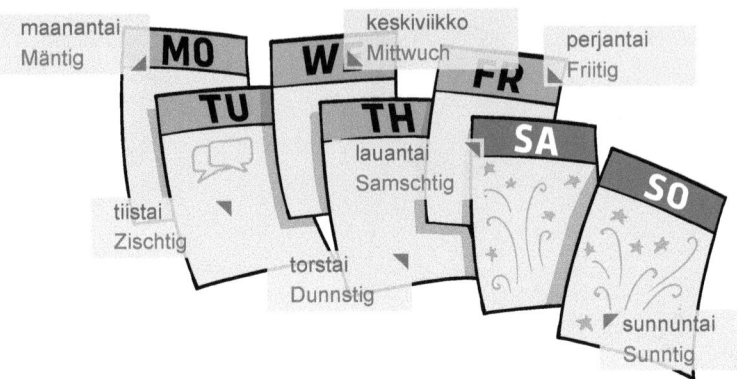

maanantai
Mäntig

keskiviikko
Mittwuch

perjantai
Friitig

tiistai
Zischtig

torstai
Dunnstig

lauantai
Samschtig

sunnuntai
Sunntig

eilen
....
geschter

tänään
....
hüt

huomenna
....
morn

aamu
....
Morgä

keskipäivä
....
Mittag

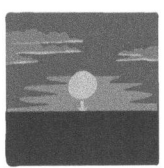

ilta
....
Aabig

työpäivät
....
Wärktag

viikonloppu
....
Wuchenänd

sade
Räge

sateenkaari
Rägeboge

tuuli
Wind

lumi
Schnee

kevät
Früelig

kesä
Summer

syksy
Herbscht

talvi
Winter

4.APRIL	11°	☀
5.APRIL	4°	🌧
6.APRIL	13°	🌧
7.APRIL	8°	❄
8.APRIL	10°	☀

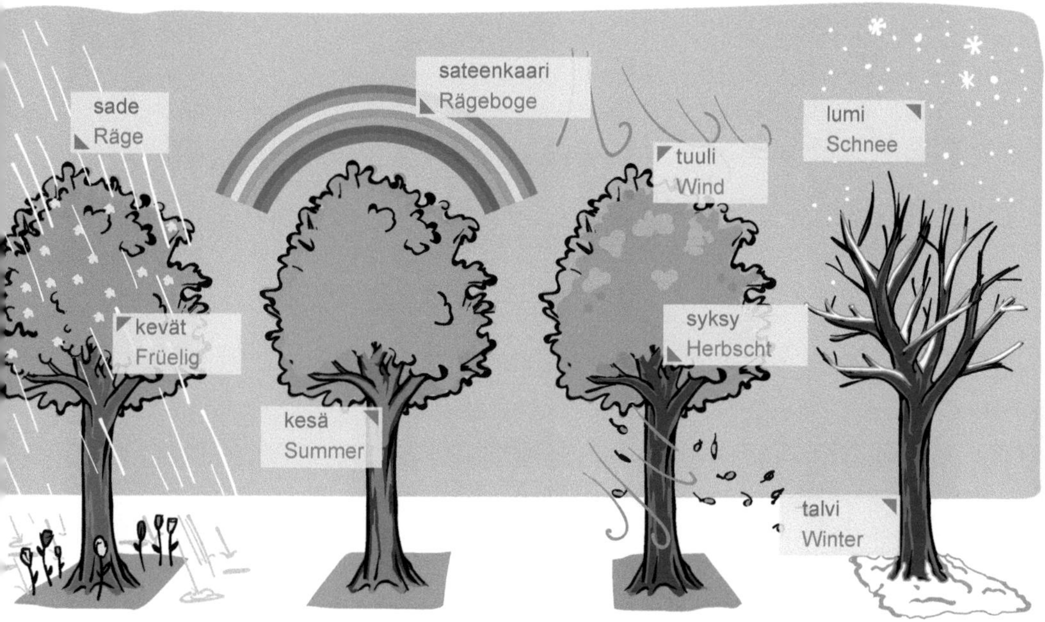

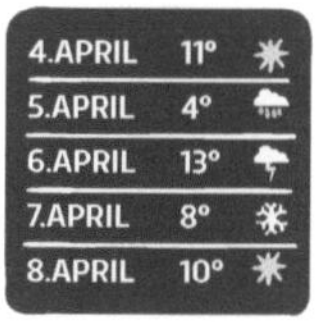

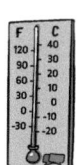

sääennuste

Wättervorhärsag

lämpömittari

Thermometer

auringonpaiste

Sunneschiin

pilvi

Wolkä

sumu

Näbel

ilmankosteus

Fiechtigkeit

salama

Blitz

ukkonen

Dunner

myrsky

Sturm

rae

Hagel

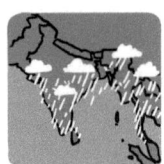

monsuuni

Monsun

tulva

Fluet

jää

Iis

tammikuu

Januar

helmikuu

Februar

maaliskuu

März

huhtikuu

April

toukokuu

Mai

kesäkuu

Juni

heinäkuu

Juli

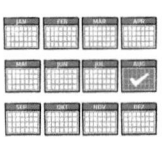

elokuu

Auguscht

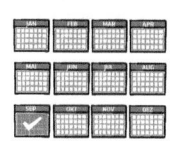

syyskuu
Septämber

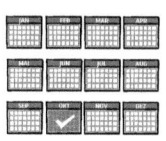

lokakuu
Oktober

marraskuu
Novämber

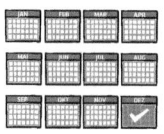

joulukuu
Dezämber

muodot
Forme

ympyrä
Kreis

neliö
Quadrat

suorakulmio
Rächteck

kolmio
Dreieck

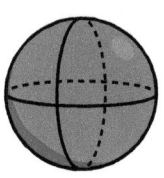

pallo
Chugele

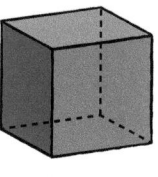

kuutio
Würfel

valkoinen

wiss

keltainen

gäl

oranssi

orange

vaaleanpunainen

pink

punainen

rot

violetti

liila

sininen

blau

vihreä

grüen

ruskea

bruun

harmaa

grau

musta

schwarz

paljon / vähän

viel / wenig

vihainen / ystävällinen

hässig / ruhig

kaunis / ruma

hübsch / hässlich

alku / loppu

Ahfang / Ändi

suuri / pieni

gross / chli

vaalea / tumma

hell / dunkel

veli / sisko

Brüeder / Schwöschter

puhdas / likainen

suuber / dräckig

täydellinen / epätäydellinen

vollständig / unvollständig

päivä / yö

Tag / Nacht

kuollut / elävä

tot / läbig

leveä / kapea

breit / schmal

syötävä / syömäkelvoton

ässbar / nid ässbar

paha / kiltti

bös / fründlich

innostunut / tylsistynyt

uffreggt / glangwilt

lihava / laiha

dick / dünn

ensimmäinen / viimeinen

zerscht / zletscht

ystävä / vihollinen

Fründ / Find

täysi / tyhjä

voll / läär

kova / pehmeä

hart / weich

painava / kevyt

schwer / liecht

nälkä / jano

Hunger / Durscht

sairas / terve

chrank / gsund

laiton / laillinen

illegal / legal

älykäs / tyhmä

intelligänt / gatz

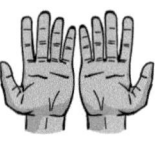

vasen / oikea

links / rächts

lähellä / kaukana

nöch / wiit weg

uusi / käytetty
neu / bruucht

ei mitään / jotain
nüt / öpis

vanha / nuori
alt / jung

päällä / pois päältä
ah / uss

auki / kiinni
offe / zue

hiljainen / äänekäs
lislig / luut

rikas / köyhä
riich / arm

oikein / väärin
richtig / falsch

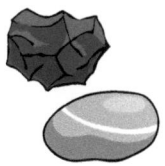

karhea / sileä
rau / glatt

surullinen / iloinen
truurig / glücklich

lyhyt / pitkä
churz / lang

hidas / nopea
langsam / schnäll

märkä / kuiva
nass / trochä

lämmin / viileä
warm / chalt

sota / rauha
Chrieg / Friede

0

nolla

Null

1

yksi

eis

2

kaksi

zwei

3

kolme

drü

4

neljä

vier

5

viisi

foif

6

kuusi

sächs

7

seitsemän

sibe

8

kahdeksan

acht

9

yhdeksän

nün

10

kymmenen

zäh

11

yksitoista

elf

12
kaksitoista
zwölf

13
kolmetoista
drizäh

14
neljätoista
vierzäh

15
viisitoista
füfzäh

16
kuusitoista
sächzäh

17
seitsemäntoista
siebzäh

18
kahdeksantoista
achtzäh

19
yhdeksäntoista
nünzäh

20
kaksikymmentä
zwänzg

100
sata
Hundert

1.000
tuhat
Tuusig

1.000.000
miljoona
Million

englanti

Änglisch

amerikanenglanti

Amerikanischs Änglisch

mandariinikiina

Chinesisch Mandarin

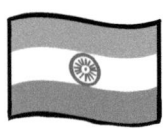

hindi

Hindi

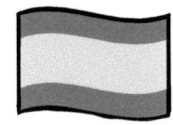

espanja

Spanisch

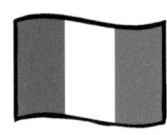

ranska

Französisch

arabia

Arabisch

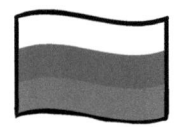

venäjä

Russisch

portugali

Portugiesisch

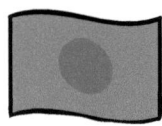

bengali

Bengalisch

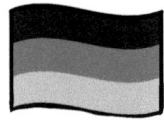

saksa

Dütsch

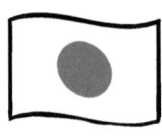

japani

Japanisch

minä
ich

sinä
du

hän
är / sie / es

me
mir

te
ihr

he
sie

kuka?
wär?

mitä / mikä?
was?

miten?
wie?

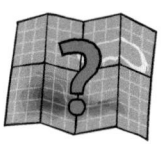

missä?
wo?

milloin?
wänn?

nimi
Name

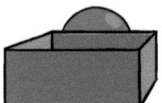

takana

hinder

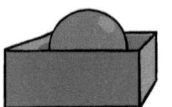

sisällä

in

edessä

vor

yläpuolella

über

päällä

uf

alapuolella

under

vieressä

näbe

välissä

zwüsche

paikka

Ort